Formei-me em Publicidade.
E agora?

Nosso objetivo é publicar obras com qualidade editorial e gráfica.
Para expressar suas sugestões, dúvidas, críticas e eventuais reclamações, entre em contato conosco.

CENTRAL DE ATENDIMENTO AO CONSUMIDOR
Rua Major Paladino, 128 • Bloco 3 • 05307-000 • São Paulo • SP
Fone: (11) 3706-1466 • Fax: (11) 3706-1462
www.editoranobel.com.br
atendimento@editoranobel.com.br

É PROIBIDA A REPRODUÇÃO

Nenhuma parte desta obra poderá ser reproduzida, copiada, transcrita ou mesmo transmitida por meios eletrônicos ou gravações, sem a permissão, por escrito, do editor. Os infratores serão punidos de acordo com a Lei nº 9.610/98.

Este livro é fruto do trabalho do autor e de toda uma equipe editorial. Por favor, respeite nosso trabalho: não faça cópias.

Taís Leão

Formei-me em Publicidade. E agora?

Dicas para o seu primeiro emprego em Propaganda e outras áreas

© 2000 Taís Lobato Leão

Direitos desta edição reservados à Nobel Franquias S.A.
(Nobel é um selo editorial da Nobel Franquias S.A.)

Reimpresso em 2009

Dados Internacionais de Catalogação na Publicação (CIP)
(Câmara Brasileira do Livro, SP, Brasil)

Leão, Taís Lobato
Formei-me em Publicidade. E agora? / Taís Lobato Leão – São Paulo:
Nobel, 2001;

ISBN 978-85-213-1144-7

1. Empregados – Manuais 2. Empregos – Habilitação I. Título.

00-4443   CDD-331.125

Índice para catálogo sistemático:
1. Primeiro Emprego : Trabalho : Economia 331.125

Prefácio

Este é um livro dirigido a estudantes e a recém-formados em geral, dando um enfoque especial para a carreira de Publicidade e Propaganda. É um guia para que o iniciante se mova com segurança no mundo novo que começa a conhecer: o mundo da profissão.

É uma obra sem similar no mercado. Escrito por uma publicitária com experiência em treinamento de estagiários, trata das situações comuns àqueles que se iniciam na profissão. De forma consistente e prática, ensina aquilo que nem a escola nem os profissionais mais tarimbados se ocupam em transmitir ao aprendiz, situando-o na atividade e inspirando-lhe confiança.

De maneira ágil, verdadeira e generosa, a autora enfoca as dificuldades comuns a quem começa a carreira publicitária e ensina como lidar com elas. A incerteza quanto ao próprio talento ou vocação, o estágio, a conquista de um emprego, os atributos do profissional competente, o ambiente de trabalho, regras de comportamento e perspectivas da carreira são alguns dos temas do livro.

"Formei-me em Publicidade. E agora?" é um manual de adequação e de sobrevivência no mundo do trabalho, útil não só a quem se formou em Publicidade e Propaganda, mas também a todo iniciante numa carreira profissional.

Edmundo Bravo

Introdução

Esta obra é para você, estudante prestes a entrar no mercado de trabalho. Ela contém informações e vivências que, espero, poderão ajudá-lo a se situar e a transitar em um mundo novo, que conhecerá assim que começar a fazer estágios e a conviver com os profissionais da sua área.

São orientações, reflexões e pontos de vista meus. Muito do que encontrar aqui talvez você já saiba ou não seja realmente uma novidade para você. Mas é importante rever, relembrar e avaliar o alcance de certos comportamentos, a fim de que tenha maior segurança ao entrar em situações desconhecidas.

A idéia de escrever este livro surgiu quando coordenei o Programa de Apoio a Novos Talentos, projeto de treinamento de estagiários realizado pela CasaBlanca Comunicação e Marketing, em 1996. Na minha convivência com eles, percebi a necessidade de elaborar um manual que lhes oferecesse orientações sobre a profissão, as relações no ambiente de trabalho e a construção da carreira. Para tal, utilizei minha experiência em atendimento em agências de publicidade e como professora no curso de Publicidade e Propaganda na Pontifícia Universidade Católica de Minas Gerais.

Espero que este livro lhe seja útil e que você seja tão bem-sucedido quanto estão sendo os estagiários que participaram do Programa de Apoio a Novos Talentos.

Sumário

1 A profissão   11
2 O que é ser profissional   13
   Conhecimento técnico   13
   Conhecimento do mercado   14
   Respeito pelo negócio e pelos pares   15
3 O bom profissional   17
   Curiosidade   17
   Disciplina   18
   Sensibilidade   19
   Flexibilidade   20
   Versatilidade   20
   Educação   21
   Cultura   22
   Saber Português   23
   Respeito pelo negócio: o seu e o do cliente   26
   Respeito pelos que exercem a atividade   26
   Humildade   27
   Noção do valor do seu trabalho   28
   Negociação   29
4 Recomendações a um iniciante   31
   Construa sua reputação e zele por ela   31
      Competência   *31*
      Discrição   *32*
      Seriedade   *33*
      Educação   *33*
      Disponibilidade   *34*

Paciência	*34*
Disciplina	*35*
Bom humor	*36*
Trate todos como se fossem seus clientes	*36*
Adote um nome	37
No estágio	37
O que é ambiente profissional	38
Aprenda os códigos	38
Busque modelos	40
Como se vestir	40
Como se comportar	42
Como participar de uma reunião	42
Se você for convocado para uma reunião	*42*
Se você for convocar uma reunião	*44*
A convivência em grupos	44
Falar ao telefone	46
No elevador	46
Em palestras	47
Em eventos	47
Com os colegas	48
Lazer e trabalho	49
Os relacionamentos	49
A concorrência	51
As oportunidades	51
Para sempre	51
5 Dos planos e prazos	55
6 O bom chefe	57
7 O bom patrão	59
8 Da demissão	61
9 Do novo emprego	65

1
A profissão

Na maioria das vezes, escolhemos um curso universitário pela atração que o assunto de que ele trata exerce sobre nós. Por exemplo, a gente opta pelo curso de Publicidade porque gosta de propaganda, especialmente das campanhas de televisão. Nossa esperança é de que, no decorrer do curso, surjam possibilidades de exercer a profissão e, assim, de encontrarmos a área de nossa preferência.

No entanto, com o passar do tempo, começamos a sentir uma angústia terrível, sobretudo se, ao contrário de alguns colegas que já se definiram, ainda não sabemos a que área nos dedicar. Se você está nessa situação, sugiro que procure estágios em áreas que o atraiam, mesmo que apenas superficialmente. Assim vai conhecer melhor o assunto e irá definindo seu rumo. Não pense que estará perdendo tempo ou sendo explorado. A simples oportunidade de verificar suas aptidões já vale. O importante é que você encontre aquilo a que quer se dedicar. Dessa forma, poderá até tirar mais proveito do curso, pois canalizará sua curiosidade para um determinado tema.

Mas e se, ao final do curso, apesar dos estágios, ainda não estiver convencido sobre o que fazer? Se não vai desistir de exercer essa profissão, se não vai lançar mão de uma carreira acadêmica como subterfúgio, nem fazer uma especialização apenas para escapar da angústia de uma definição profissional, empregue-se na primeira oportunidade que surgir. Agora não se trata mais de se dedicar a um estágio, mas de entrar em um mercado, de fazer parte de uma roda-viva. Depois de formados, se não estivermos envolvidos no mercado de trabalho de maneira formal, dificilmente novas oportunidades surgirão. Nesse momento você deixa de ter a proteção do papel de estudante e ganha a identidade de aprendiz de uma profissão. Se não estiver próximo daqueles que nela atuam e do negócio propriamente dito, não terá acesso rápido a pessoas e a oportunidades de progredir em um território novo.

Não tenha medo nem abandone suas dúvidas. Enquanto estiver envolvido em um trabalho — ainda que ele não seja tão estimulante —, a sua forma de perceber a realidade e de se autotransformar podem ajudá-lo a descobrir novos caminhos e preferências. Por isso, mãos à obra.

Antes de encerrar esse assunto, gostaria de dar-lhe mais uma sugestão. Não desista rapidamente. Tudo é mais lento e maçante do que você imaginava. Não quanto aos prazos para a realização das tarefas — esses são sempre curtos. Mas em termos do reconhecimento da sua dedicação, da remuneração pelo seu trabalho, da forma muitas vezes improdutiva que as empresas adotam para resolver seus negócios (você não entenderá por que ela não é percebida e modificada pelos profissionais que estão no comando). O mundo profissional, só porque tem esse nome, não é necessariamente povoado pelas pessoas mais inteligentes, mais aplicadas, mais responsáveis, mais interessadas pela excelência do seu desempenho e do negócio em que estão envolvidas. Esse universo é habitado por elementos movidos pela sobrevivência, pelo talento, pela perseverança, pela ausência de opção, pela proteção que recebem de alguns, enfim, não é uma comunidade homogênea, nem excepcional. Lembro que essa observação não se aplica somente à área de Propaganda e Publicidade. O mundo do trabalho é assim. Porque, acima de tudo, ele é o mundo em que todos ganham o próprio pão. A necessidade de sobreviver materialmente supera a necessidade de realização pessoal e profissional.

Sobretudo, não tenha medo. Confie no desejo que teve ao escolher essa profissão.

2
O que é ser profissional

Você concluiu o seu curso. Está, portanto, apto a exercer uma profissão. Mas isso não o faz um profissional. O que o tornará um profissional é a soma de vários requisitos. Vamos apreciar cada um deles.

Conhecimento técnico

Obviamente, essa é a característica básica que distingue um leigo de um especialista. Logo, profissional é aquele que domina a matéria de sua profissão. Por exemplo, em Propaganda e Publicidade, que tipo de conhecimento técnico é relevante?

A universidade dá-nos a base desse conhecimento. Mas ele tem de ser construído sistematicamente por nós. Esse é um dos patrimônios que devemos formar para nos valorizar no mercado de trabalho.

Propaganda e Publicidade. Essa área não é ciência, é técnica. Por mais que o aluno ou o professor se esforcem, fica difícil acreditar que esse é um assunto profundo. Não é. É prático, dinâmico, exige sensibilidade, talento, domínio de alguns instrumentos, mas é razoavelmente superficial. O que não implica considerá-lo fácil. Cuida do consumo, do fluxo do capital e, com isso, situa-se na esfera produtiva da sociedade. Por isso, entender de administração é vital para que o profissional de Propaganda e Publicidade tenha uma compreensão mais abrangente do negócio em que atua e do alcance de seu trabalho. Isso lhe dará uma visão das possibilidades do negócio — oportunidades, segmentos de mercado a explorar, abordagens, etc. —, argumentos mais consistentes e inteligentes para a sua presença no mercado, raciocínios mais fundamentados e interlocução melhor com os anunciantes. Em síntese, soma o arrazoado ardente do profissional talentoso a pontos de vista embasados em critérios e referências mercadológicas.

Assim, se você deseja fazer pós-graduação ou graduação em outro curso, prefira a área de Administração combinada com Marketing e Comunicação.

Conhecimento do mercado

Você está se iniciando numa profissão. Convém saber quem são os profissionais que se distinguem em cada área dela, na cidade em que você trabalha, no Brasil e no mundo. Isso é importante para que comece a ter referências do tipo de trabalho que essas pessoas desenvolvem e da opinião que o mercado tem acerca dele mesmo e dos elementos que o compõem. É assim que principiamos a elaboração de critérios próprios.

Algumas profissões caracterizam-se fortemente pela vaidade de seus integrantes. Certos negócios carecem de mitos, nomes e estrelas. A Propaganda e Publicidade é uma atividade que fabrica seus ídolos, fomenta a vaidade de seus profissionais e carrega uma aura de *glamour*.

Essa é uma das razões por que você deve procurar aprender o que se chama competência. Para saber discernir o que é simples bajulação de um nome conquistado graças a um trabalho desenvolvido sempre com qualidade, critério e seriedade.

Outro motivo para conhecer o mercado é o fato de você estar começando a situar-se em um mundo em que talvez venha a trabalhar pelo resto de sua vida. E cabe a você dimensioná-lo desde o começo. É fundamental saber os limites desse mundo, para que os possa atingir e até mesmo rompê-los. Daí a necessidade de ler as publicações relativas ao negócio, saber suas tendências, conhecer as características dos profissionais, acompanhar as premiações dos festivais, assistir a palestras, fazer cursos, visitar empresas, tentar, enfim, obter uma noção bem ampla do que é a Propaganda. Assim você conhecerá as suas limitações e as suas possibilidades de inovar, de agir e de se afirmar nesse mundo. Não é pretensioso pensar dessa forma desde o começo. É uma questão de lucidez e de ambição. Se você deseja o êxito, é preciso ter planos e prazos para realizá-los. E é desse jeito que se começa. Mas trataremos disso adiante, com mais vagar.

Respeito pelo negócio e pelos pares

É muito importante ter respeito pelo negócio em que se está atuando. Não se menospreza aquilo de que se faz parte. Se você está descontente a ponto de maldizer o mundo em que ganha seu pão, saia dele o mais rápido possível, antes de se tornar uma pessoa pesada e amarga.

Você pode e deve avaliar sistematicamente sua atividade publicitária. É saudável questionar as orientações da empresa, da chefia, dos colegas e a sua própria conduta. Assim é que nos reposicionamos, buscamos novas oportunidades e evoluímos como pessoas e profissionais. Entretanto, essa é uma atitude que deve ser interior, particular.

No ambiente de trabalho, você deve procurar ter uma conduta respeitosa com relação a tudo e a todos: aos colegas, aos fornecedores, aos clientes, ao público e a você mesmo. Lembre-se de que, por mais descontraído que seja o clima da empresa, você está vinculado a ela por uma razão simples e básica: a sobrevivência dela e a sua própria. E isso merece respeito.

3
O bom profissional

Muitos são os atributos de um bom profissional. Há alguns que distinguem o simples profissional do bom profissional.

Curiosidade

Como foi dito anteriormente, o conhecimento técnico é básico, pois distingue o leigo do especialista. Mas a curiosidade sistemática é o combustível que sempre impulsionará o profissional, ajudando-o a construir seu conhecimento. Você pode perguntar: "Curiosidade em relação a quê?" "A tudo." Lembre-se de que Publicidade e Propaganda não é ciência. É uma técnica e bebe de muitas fontes. Vive de transformar abstrações (idéias) em matéria (comportamento e dinheiro). Assim, desde já, permita-se ser curioso. Tudo pode ser alvo de maior observação. A arquitetura de sua cidade ou daquelas que visitar durante as férias, o jeito de andar das pessoas, a luz da manhã ou do cair da tarde, os livros que estão na moda e os que não estão, o frentista no posto de gasolina, o sorriso da vendedora, o comércio em sua cidade, o atendimento nas lojas de departamentos, o garçom no restaurante, o editorial do jornal sobre a notícia do dia, a sujeira nas ruas, o transporte público, as jóias na vitrine da joalheria, o jeito do seu chefe, os maneirismos da secretária, como os telejornais dão as notícias, o palestrante e seu constrangimento, o padre rezando a missa, tudo, enfim.

Se você começa a observar, torna-se professor de si mesmo. Conquista percepções ricas do que está ao seu redor. Aprende a ler a realidade além da simples aparência. E isso vai ajudá-lo a lidar com as pessoas no ofício e a ser um agente sensível, atualizado, com identidade própria e em condições de criar oportunidades para si. Mas lembre-se: curiosidade nada tem a ver com bisbilhotice. Uma pessoa abelhuda é o fim. Ninguém perde nada por ser discreto. Mas disso trataremos mais adiante.

Disciplina

O ambiente profissional reúne pessoas de procedência e formação distintas, que são obrigadas a conviver diariamente. Se você quer ser respeitado por seus pares e dar boa impressão a todos, seja disciplinado.

Uma pessoa disciplinada dá sempre a impressão de ordem interna, de seriedade e compromisso com o trabalho, de permanente atenção às suas tarefas. A disciplina indica boa educação em casa, boa formação. Embora você possa pensar que isso não conta na sua avaliação como profissional, conta, e muito. São pormenores que fazem a diferença no dia-a-dia. Veja alguns exemplos.

- No escritório, mantenha sua mesa sempre arrumada. Ao final do expediente, organize os papéis. Mesas com pilhas de papéis dão sempre a impressão de que o funcionário não está dando conta do recado. E isso não é bom para você.
- Tudo o que você abrir, feche. Tudo o que acender, apague. O que se liga, se desliga. O que se pega emprestado das mãos dos outros, se devolve em mãos.
- A mesa do colega não é a sua. Não a use, não se sente na cadeira dele, nem deixe sobre ela objetos que não lhe pertencem. O território é dele e não seu. E as pessoas são muito mais zelosas dos seus territórios do que você pode imaginar.
- Não bata portas, gavetas, não faça barulho com chaves, com nada. Um colega ruidoso perturba muito.

- Seja organizado e não incomode os colegas com perguntas sobre dados que já poderia ter anotado e não o fez por negligência. Ninguém é secretário de ninguém, e o mesmo trabalho que o colega teve de anotar você também poderia ter tido.
- Não faça anotações em documentos alheios.
- Não aponte os erros cometidos por outros nos textos que lhe forem apresentados, a menos que isso lhe seja solicitado. Você não é professor de ninguém.
- Sua aparência também denota disciplina. Mas disso trataremos adiante.

A disciplina não é uma mera formalidade. De fato, ela ajuda o indivíduo a manter um ritmo e um sistema de trabalho que o protegerão da desordem, quando acontecimentos em sua vida pessoal vierem, talvez, a afetar seu desempenho profissional. Torna-o menos vulnerável no dia-a-dia.

Além disso, ninguém perde nada por ser formal e discreto. Manter uma conduta disciplinadamente contida protegerá você de situações embaraçosas e conservará as pessoas a uma distância segura.

Sensibilidade

Comunicação é uma área que exige sensibilidade das pessoas. Uma peça publicitária é tanto mais eficiente quanto mais capaz de envolver o público. Por isso, o exercício da sensibilidade deve estar presente no cotidiano de setores como a Propaganda.

E não só no que se refere à criação, como também no referente à convivência, porque se trabalha em equipe. A atividade implica estar sempre com outros, e isso exige tato, percepção, a fim de estabelecer harmonia e obter sucesso nas negociações.

Entenda negociação não somente como o acerto das condições de trabalho e da remuneração por serviços, mas também como as combinações que temos de fazer com os colegas para realizar uma tarefa. Tudo, no fundo, é negociação.

Flexibilidade

O fato de trabalhar com pessoas e com prazos exige flexibilidade dos profissionais, pois é preciso encontrar soluções para a realização de um serviço em tempo hábil. A rigidez pouco ajuda nesse caso.

A flexibilidade permite a busca de soluções e o estabelecimento de diálogos. Ela nos faz bons ouvintes e melhores negociadores. Nem sempre ser duro significa ser melhor numa negociação. Flexibilidade não significa fraqueza ou ausência de critérios. Significa, muitas vezes, saber conservar o essencial para manter uma relação ou um negócio.

Aqui cabe também um lembrete, a que voltarei mais detidamente: tudo na vida é pessoal. Por mais técnicas e profissionais que sejam as coisas, há sempre um cunho pessoal. Nunca se esqueça disso. Daí a flexibilidade ser também necessária. Se você quer se manter num determinado caminho, concessões nem sempre são desvantajosas.

Versatilidade

A versatilidade é importante, especialmente para quem está começando uma carreira. Não confunda versatilidade com o termo *pau-para-toda-obra*. Embora ao iniciante seja solicitado, freqüentemente, o desempenho de tarefas radicalmente distintas, tente manter claro para os outros qual é o seu objetivo. Do contrário, pode acontecer de você ser útil, mas não ser nem reconhecido como competente em alguma área nem remunerado à altura da sua versatilidade. Por isso, atenção. Procure aprender o máximo possível de todas as áreas. Mas não deixe que a sua competência multidisciplinar seja desvalorizada em vez de valorizada. Apesar desses avisos, vale ressaltar a importância da versatilidade. As empresas hoje exigem que o profissional tenha uma visão sistêmica do negócio e que saiba atuar em várias frentes.

Educação

Esse quesito é fundamental. É ele que distingue um bom profissional dos demais. Darei um exemplo que esclarece bastante a importância desse atributo. Dois profissionais estão tecnicamente empatados em uma empresa em que há uma vaga disponível para a promoção de um deles. Como eu disse, eles estão tecnicamente empatados, ou seja, ambos possuem a mesma capacitação, o mesmo nível de produtividade, são do mesmo sexo, trabalham na empresa há um mesmo tempo, têm o mesmo estado civil, estão na mesma faixa etária. Qual dos dois escolher?

Provavelmente será escolhido o que tiver mais educação, caso o cargo a ser preenchido exija desenvoltura social, traquejo, uma vez que a função implicará contatos com profissionais de escalão mais alto e em situações e ambientes sociais que demandam tal desenvoltura. Você é avaliado o tempo todo e, nesse caso, representará ainda mais a sua empresa, dada a importância do cargo. Assim, é mais seguro para a empresa escolher o indivíduo que já tenha incorporadas as atitudes e posturas próprias da pessoa bem-educada. Ademais, é difícil treinar alguém para ser bem-educado, pois trata-se de mudar hábitos que, na verdade, estão fundamentados em valores individuais. Corre-se o risco de criar um ser artificial e constrangido por novas orientações, quando o que se deseja, de fato, é alguém à vontade com esses hábitos.

Assim, sugiro que você passe a observar aqueles que considera educados no dia-a-dia e procure imitá-los. É bonito ver alguém polido, competente no trato social. Não tenha receio de assumir novos hábitos ou recuperar aqueles que a informalidade da universidade o fez abandonar. Repare como uma pessoa maleducada constrange os outros, assusta os mais humildes, cria um clima hostil e acaba por afastar de si boas oportunidades.

Lembro que, a meu ver, a pessoa realmente educada é aquela que você não percebe de pronto que ela o é. Aos poucos é que se vai descobrindo a sutileza de suas abordagens e de seus gestos. O educado de verdade não impõe os seus bons modos.

Cultura

Volto a dizer, Comunicação Social bebe das fontes mais distintas, porque não é uma ciência em si. Assim, tente tornar-se uma pessoa, se não culta, ao menos bem informada. Sempre é tempo para cultivar interesse por temas variados: Arte, Idiomas, Marketing, Sociologia, História, Política, Direito, Geografia, Antropologia, Psicologia, Filosofia, Turismo, Literatura, Pesquisa de Mercado e de Opinião, etc. Leia publicações capazes de enriquecer a sua visão do mundo. Forme sua biblioteca.

Se você ainda não pode viajar para conhecer *in loco* os tesouros da humanidade, use a internet, os livros, revistas, tudo. A falta de recursos para ir aos lugares não justifica a ignorância. Pode-se ter acesso a informações suficientes sem precisar viajar. Entretanto, assim que puder, viaje.

E viaje sempre. Pelo Brasil e pelo mundo. Faça de suas férias uma oportunidade de lazer e de aprendizagem. Conheça os museus, as igrejas, os cemitérios, as praças, os parques, os banheiros públicos, as cabines telefônicas, os trens, os metrôs, os aeroportos, os restaurantes, as vitrines, as feiras, os mercados, as escolas, os clubes, os monumentos, tudo o que puder. Leia sobre eles antes de visitá-los. Observe as sinalizações públicas, os jornais e revistas, os bilhetes de metrô, os impressos de visitas a museus e monumentos.

Observe também as feições das pessoas, o humor delas, seu jeito de andar, de vestir, de cantar e de dançar, de tratar as crianças, sua música, as etnias, a luz do lugar, o cheiro dele. Tudo acrescenta, tudo é inspiração.

Aprenda Inglês e Espanhol, no mínimo. O Inglês é o idioma do mundo, das publicações especializadas e dos festivais. E o Mercosul já é uma realidade que é preciso explorar. Se você não gosta de estudar idiomas, esforce-se para fazê-lo. É parte do negócio saber pelo menos Inglês.

Saber Português

Falar e escrever bem o Português é fundamental. Calma. Você não terá de se tornar um escritor ou um orador. Mas é imprescindível saber expressar-se oralmente e por escrito sem cometer erros. Esse é um assunto que os responsáveis pela seleção de pessoal levam muito em conta e é determinante em algumas contratações.

O domínio da língua pátria é sempre cobrado. São inúmeras as queixas dos chefes em relação aos seus subordinados, assim como as críticas dos patrões em relação aos seus profissionais de destaque quanto a esse assunto. Entretanto, elas são sempre feitas de forma velada. Sabe por quê? Porque quase ninguém tem domínio razoável do assunto. Por isso, não espere que seu chefe o corrija em algum erro que cometer no uso da palavra. Pois, se o fizer, terá de não só apontá-lo, mas também de ensinar-lhe a forma correta. E ele não estará seguro disso. Assim, preferirá reclamar de você e dessa sua dificuldade às escondidas.

Embora todos tenhamos receio de cometer erros de Português, fazemos pouco ou nenhum esforço para reparar essa falha. Mas, intimamente, reconhecemos as conseqüências dessa deficiência.

Quem fala ou escreve mal fica marcado. É identificado como alguém sem preparo. Que não teve boa formação escolar nem veio de uma família culta. Isso pode ser um obstáculo na sua profissão por várias razões. A você não serão delegadas tarefas de representação da empresa em qualquer evento que implique falar, seja para um público maior ou menor. Com isso, você não poderá aproveitar a oportunidade de tornar-se mais conhecido, de expor suas idéias, de firmar sua identidade perante públicos os mais diversos. Ministrar palestras, defender campanhas, reunir-se com clientes, prospectar novos negócios, conceder entrevistas, tudo implica falar bem. Defender pontos de vista com argumentos elaborados e expressos por meio de um vocabulário rico traduz conhecimento daquele que os expõe, demonstra domínio da linguagem, revela competência no pensar.

Mesmo que sua atividade não implique em grande exposição pessoal, ainda assim você terá de se valer do nosso idioma para redigir uma comunicação interna, enviar um *e-mail*, apresentar um relatório e todas essas são ocasiões para cometer erros e causar má impressão.

Sugiro algumas atitudes que o ajudarão a refinar seus conhecimentos da língua, ocupando mais ou menos tempo, dependendo de sua necessidade e interesse. Matricule-se em um curso que ensine Português. Há vários deles. Você pode escolher os módulos que abordem matérias em que tem mais dificuldade. Se preferir, compre os vídeos em que o professor trata desses temas. E assista a eles.

Apure seus ouvidos. Observe como o professor fala. É uma forma de compensar as falhas que podem ter ocorrido na sua infância, quando não foi possível aprender a forma correta automaticamente, porque talvez não houvesse quem o corrigisse ou lhe ensinasse.

Leia bons livros. Jornais e revistas não ajudam, pois neles há erros, usam vocabulário restrito e utilizam modismos de linguagem que, caso você os adote, só vão contribuir para causar no seu ouvinte ou leitor a forte impressão — para não dizer a certeza — de que você não só não sabe Português, como pensa que sabe. O que é pior.

Outra maneira é aprender com as lições de especialistas, publicadas em periódicos. Observe que tais lições e programas de televisão sobre o tema estão se tornando cada vez mais populares.

Não é à toa que os meios de comunicação andam investindo nisso. É sinal de que está havendo uma procura real por esse conhecimento. Tenha e consulte sempre um bom dicionário e uma boa gramática. São um instrumento de trabalho como qualquer outro.

Faço-lhe apenas dois pedidos. Primeiro: não aprenda o assunto pela metade. Você deve ter certeza de que está falando ou escrevendo corretamente e deve saber as razões desse acerto. Do contrário, ficará ainda mais inseguro, agravando ainda mais sua situação. Segundo: valha-se de atalhos somente em último caso. Atalhos são alternativas de que se lança mão quando, não se sabendo conjugar corretamente um verbo, adota-se outro; ou substitui-se uma palavra por uma equivalente, de cujo significado se está certo. São boas saídas para uma limitação sua. Mas você continua sem o conhecimento propriamente dito. E é muito embaraçoso para quem ouve perceber a deficiência do interlocutor, que, depois de tentar empregar um verbo, muda-o para outro, porque não sabe conjugá-lo.

No seu dia-a-dia, pratique o que já sabe ou aprendeu. Não tenha vergonha de falar bem. Isso não significa ter linguagem pedante nem ser uma pessoa fora de moda. Falar bem é falar claramente, utilizando as palavras mais adequadas ao assunto abordado e ao público a que se destinam. Com cada pessoa usa-se determinada forma de expressão. E em nenhum momento é preciso recorrer a palavras de difícil entendimento. Um vocabulário rico não quer dizer um vocabulário pouco acessível. É somente variado, amplo, cujo domínio por quem o utiliza denota segurança, atrai a atenção do outro, prendendo a quem fala ou escreve e sobre o que se fala ou se escreve. E isso é muito importante para que você apresente suas idéias e cause boa impressão.

Pessoas fluentes são raras. Transforme essa justa exigência do mercado em oportunidade de ser um profissional mais valioso.

Respeito pelo negócio: o seu e o do cliente

Se você trabalha em agência de publicidade, sugiro ter sempre em mente que se deve respeitar não só o seu negócio, mas também o do seu cliente.

Muitas vezes, a agência, com razão, enfatiza certa orientação que considera a mais correta para o êxito do negócio do cliente. Entretanto, o cliente não acata tal orientação e isso frustra a equipe da agência, resultando até em certa má vontade com a conta a partir de então. Como eu disse, a sensibilidade é um dos atributos próprios de quem trabalha em Publicidade e Propaganda, assim como a vaidade. Mas não confunda sensibilidade com melindre. Se você estiver tentado a assumir uma postura por demais sentimental e passional, aviso-o de que está no caminho errado.

Primeiro, porque, embora sua empresa se coloque como parceira do cliente, ele nem por isso abandona a autonomia que possui para decidir acerca de como gerir seus negócios.

Segundo, porque você está agindo em um mundo que, apesar de a sensibilidade de seus pares ser muito importante, é um negócio como outro qualquer, em que há perdas e ganhos, avanços e recuos. Paciência. Melhor é perseverar e, numa próxima oportunidade, buscar melhor resultado.

Respeito pelos que exercem a atividade

O mundo do trabalho não é habitado somente, como já disse, por indivíduos com vocação para a atividade, talentosos, brilhantes, entusiasmados com o que fazem, cheios de iniciativa e vontade de vencer. Não é. Ele está povoado também por todos aqueles que precisam ganhar o seu pão e não encontraram alternativa. E essas pessoas comparecem aos seus locais de trabalho trazendo a sua biografia, ou seja, sua carga de limitações pessoais e profissionais, as mágoas que têm em relação ao mundo, seus sonhos impossíveis, suas questões psicológicas, sua compreensão da realidade, tudo.

Faço esse preâmbulo para que você sempre procure imaginar o perfil daquele com quem lida no dia-a-dia, seja um fornecedor, um cliente ou um colega, a fim de ter para com ele uma atitude íntima de respeito. Foi a necessidade, mais do que tudo, que o encaminhou até ali. O sonho da recepcionista talvez não fosse o de se tornar recepcionista quando crescesse, assim como o do *boy* certamente não é ficar correndo atrás das coisas, esperando em filas e andando de ônibus. Mesmo o dono da empresa — aquela em que você está empregado, a do cliente ou a do fornecedor — pode não estar satisfeito com a própria situação.

Peço-lhe que não se esqueça dessa observação, quando você se tornar o profissional vencedor que desejo venha a ser. À medida que a pessoa evolui na carreira, tende a negligenciar o reconhecimento das diferenças sociais, intelectuais, de origem, de educação, de valores, das limitações e das ambições das pessoas. Elas, mais do que você supõe, sabem quais são os seus limites e possibilidades. Não é preciso apontá-los. Basta respeitá-los.

Humildade

Esse magnífico dom que Deus concedeu a tão poucos deve, todavia, ser exercitado por todos. Por quê? Porque existem profissões nas quais você não tem a garantia de fazer carreira. Em Publicidade e Propaganda, por exemplo, em determinado momento você pode ser o *boy*, em outro o dono da agência, em outro, ainda voltar a ser o *boy*. Exagero no exemplo, mas acredite nele. Em mercados instáveis, com poucas oportunidades, carentes de perspectivas, essa possibilidade sempre existe.

E aí você, que não nasceu provido de tanta humildade, assim que começa a brilhar, começa a se achar *o rei da cocada preta*. Se ganhar prêmios, então, ficará impossível. Se estiver sendo bem remunerado, Deus nos acuda! Pois bem, passados uns cinco anos nesse apogeu, surgirá outra estrela a ser celebrada. Você *cairá do galho* e, com isso, despencarão o seu prestígio e a sua remuneração. Se você já sabe que esse pode ser seu destino, e se for vaidoso e desprovido de humildade, seja ao menos estratégico. Não se mostre tão cheio de si. Não dê aos outros motivos para se vingar do seu triunfo. Não provoque a ira e a inveja alheias.

Noção do valor do seu trabalho

Este é um dos aspectos mais difíceis de abordar, pois implica não só a sua noção do que seja a justa remuneração, como o reconhecimento dela pelo outro (patrão, empregador temporário, etc.).

A queixa mais comum entre os que estão se iniciando nessa profissão é de que não estão recebendo das empresas uma remuneração de acordo com a responsabilidade que lhes é atribuída, as exigências que lhes são feitas e o desempenho que lhes é cobrado. De fato, quanto menos o patrão puder pagar pelo trabalho, menos pagará.

Cabe a você, na verdade, ir construindo a sua competência e, aos poucos, exigir a remuneração que considerar compatível com o cargo. Todavia, não pense que isso acontecerá na velocidade que você imagina. Esse processo de reconhecimento/remuneração demorará tanto que, eventualmente, não se deve esperar que ele ocorra naquele emprego. Mesmo assim, é importante que você avalie se as suas qualificações, a despeito de serem de alto nível, são necessárias para a função que você desempenha ali. Se, para executá-la, sua pós-graduação, seu Inglês fluente, sua desenvoltura social, seu currículo são dispensáveis, não espere que a empresa vá reconhecê-los em seu salário.

Assim, uma sugestão é que você procure outra empresa que lhe ofereça melhor remuneração. Mas não faça essa troca com base apenas nesse critério. No começo, vale mais estar numa empresa maior, que conta com melhor estrutura física e de pessoal, próximo de uma equipe mais tarimbada — com quem você poderá aprender, mesmo que apenas observando, conhecendo seu trabalho de perto —, construindo seu nome junto a uma esfera de profissionais que poderão difundi-lo, do que em uma empresa menor e menos expressiva, em que a possibilidade de surgirem negócios realmente inéditos é remota, não lhe proporcionando experiências que vão diferenciá-lo no mercado.

Mas, afinal, o que é ter noção do valor do seu trabalho? Primeiro, é preciso que se defina o que é trabalhar bem. Porque, se não se trabalha bem, não há por que falar em valor de trabalho com vistas a um ambicionado reconhecimento. Trabalhar bem é cumprir corretamente o que está determinado como sua atribuição. É antecipar-se às possíveis situações que venham a impedir a sua consecução. É conhecer todo o entorno daquela tarefa e realizá-la sem atropelo, seja em que nível for, perseguindo, incansavelmente, a qualidade em todo o processo.

Entretanto, se você deseja os melhores salários, deve estar atento à área em que se está introduzindo. Há setores que, a despeito de sua importância, são menos valorizados financeiramente. Se você atua na área comercial, estratégica e de negócios da empresa, certamente será mais bem remunerado do que se estiver na esfera institucional, de comunicação, que não gera dinheiro para a empresa. Naturalmente, isso depende do tipo e do momento do negócio em que você estiver.

Em agências de Propaganda, por exemplo, a área de Criação sempre é mais bem remunerada do que as demais, salvo exceções. Ressalto, ainda, que tais critérios dependem da praça em que você se encontrar.

Essas referências visam apenas ilustrar nossa afirmação. Fundamental é perceber se a área em que você está operando corresponderá às suas ambições materiais.

Negociação

Saber negociar é um dom inato em algumas pessoas e uma habilidade natural de alguns povos.

Negociar é ter bons argumentos, é estudar a outra parte, perceber suas intenções, antecipar-se a elas, apresentar trunfos na hora certa, ter a atitude precisa no momento exato, é identificar os seus pontos fortes e fracos e os do outro, é ter senso de oportunidade, saber avaliar o jogo que se vai jogar com antecipação. E ter sempre muita malícia.

Antes de tudo, adianto-lhe que, numa negociação, uma das partes terá menos vantagens que a outra. Não acredite no dito "Um negócio é bom, quando é bom para os dois lados". É falso. Alguém sempre deverá aceitar fazer uma concessão maior.

Não se negocia somente o salário ou o valor de um serviço. Negociam-se também condições de trabalho, elementos da equipe, prazos, atribuições, participações, etc. Por isso, é importante que você, desde o começo, construa uma visão sistêmica do ambiente profissional para poder avaliar, com o maior número de referências possível, o que lhe for proposto ou as possibilidades do que você propuser.

4
Recomendações a um iniciante

Construa sua reputação e zele por ela

Seu maior patrimônio é e sempre será sua reputação. Cuide de construí-la com todo o zelo, desde o banco da escola. Dali sairão seus pares de profissão. A avaliação que fazem de você na escola poderá acompanhá-lo ao longo de sua vida profissional, na lembrança que sua turma guardará de você.

A reputação é a imagem que as pessoas têm de alguém, resultante da observação à distância, da convivência mais próxima ou de ambas. Nasce de todos os sinais que você der de sua existência: do seu exemplo, das suas palavras, silêncio, atitudes, aparência física, ações, tudo. É o conceito que o mundo faz de você.

Há valores que, independentemente da época, do lugar e da profissão, são reconhecidamente válidos para a boa reputação de uma pessoa. Aqui apresento alguns, a fim de que você os cultive, se desejar.

Competência

Competência é a habilidade de se mover com perícia no mundo. Significa várias coisas. É ter conhecimento técnico. É saber lidar com os seus companheiros de profissão. É ter noção do seu próprio limite e do limite alheio. É saber avaliar as circunstâncias em que se encontra. É ter uma idéia precisa do mercado. É dominar vários instrumentos, sejam eles ligados ou não ao exercício da profissão. É saber situar-se. É saber identificar e mesmo criar oportunidades. É ter autonomia intelectual e psicológica. É saber guardar certo distanciamento com relação ao meio, para criticá-lo com isenção. É antecipar situações e comportar-se de acordo com elas. É ter entusiasmo com o que se faz. É manter a curiosidade sobre o mundo da profissão. É saber lidar com as novidades. Em síntese, competência implica conhecimento, critérios e uma atitude mental saudável para com o mundo.

Discrição

Ninguém perde nada por ser discreto. A discrição é valiosa, porque o preserva e demonstra que você é uma pessoa confiável. Você será rejeitado em muitos grupos se não souber manter uma conduta discreta. E poderá vir a freqüentar muitos outros, se for reservado. Evite comentários desnecessários, não responda se não lhe fizerem perguntas, não se meta em assuntos que não lhe digam respeito, finja ser cego, surdo e mudo em qualquer situação que não seja da sua conta.

Essa é uma sugestão de prudência e sensatez. Por mais qualificado que você seja, pode acontecer de vir a ser excluído de uma oportunidade por ter fama de não ser uma pessoa prudente, que não sabe guardar segredo.

A discrição não quer dizer falta de descontração. Você pode ser um indivíduo falante, alegre, caloroso, participativo sem, todavia, ser xereta, abelhudo, entrão.

Não fale mal de ninguém. A conduta do outro, seu desempenho profissional, seus valores, sua orientação sexual, sua aparência, seu jeito, nada disso deve receber sua avaliação pública.

Não se vanglorie dos seus feitos, não exponha sua vida particular. Parta do pressuposto de que, não sendo você um astro do mundo *pop* nem do *star system*, sua vida é "desinteressante", comum e modesta. Logo, não deve parecer atraente para os outros o que acontece nela. Portanto, não moleste as pessoas com seus assuntos particulares, pois, provavelmente, são muito parecidos com os delas. E se não são novidade, mais um motivo para você não os mencionar.

Sua casa, sua família, seus filhos, seu marido ou sua esposa, ex-marido ou ex-mulher, costumes da terra em que nasceu, férias, estado de saúde, dinheiro, nada disso deve fazer parte das suas conversas em ambiente profissional.

Nunca faça comentários desfavoráveis a uma empresa, um colega, à chefia ou ao cliente. Também evite ser pródigo em elogios. Isso faz você parecer bajulador e compromete a credibilidade de suas opiniões.

Seriedade

Seu patrão fiscaliza cada centavo que investe em você. E essa conduta está certa. Faz parte do papel de patrão contar com você durante todo o tempo, porque ele o remunera para isso. Ademais, patrocina suas participações em congressos, seminários, cursos e eventos. É sua obrigação aproveitar o melhor possível esse tipo de investimento que a empresa faz na sua formação. Afinal, se fosse você quem estivesse bancando essa oportunidade, não estaria tentando tirar dela o maior proveito?

Portanto, evite a reputação de descompromisso com o trabalho, ainda que, de fato, você o venha realizando com a maior responsabilidade. As pessoas precipitam-se na análise que fazem do outro, ficando com a primeira impressão. E mais: em razão da leveza, própria da sua juventude, as pessoas querem, de imediato, rotulá-lo como *alguém a quem ainda não se devem delegar certas tarefas*. Não permita que um comportamento *festivo* contamine a imagem que farão de você. Isso não significa que deverá ser um sujeito sisudo e sorumbático. Tal postura nem combina com a sua idade. Mas cuide de demonstrar compromisso para com o trabalho. É que não basta ser, é preciso também parecer.

Educação

Em qualquer lugar do mundo, uma pessoa que sabe comportar-se socialmente é prontamente identificada e bem tratada. Se você quer ser bem tratado pelos outros, comece dando o exemplo. A urgência, o calor na execução do trabalho, os humores do dia-a-dia não devem sobrepujar a boa educação. Agradecer, conversar sem gritar, olhar a pessoa nos olhos, sem hostilidade, saber ouvir, demonstrar que leva em conta o interlocutor suavizam a convivência. Criam uma atmosfera favorável a você. Desarmam as pessoas e, tenha certeza, distinguem você.

Disponibilidade

Nunca se mostre desinteressado, indisponível, preguiçoso e com má vontade em relação ao trabalho. Cultive e aparente disposição para as solicitações do mundo exterior. Se você trabalha em equipe, essa atitude contagia os demais, estabelece um clima animado ao seu redor, cativa as pessoas e dá-lhe a reputação de alguém a quem é possível propor novos projetos, pois está sempre aberto às novidades.

Paciência

É bom ter paciência consigo mesmo e com o mundo. Nem sempre temos o desempenho que imaginamos, nem o mundo é como desejamos. Se você não nasceu uma pessoa paciente, procure cultivar essa virtude, pois ela é necessária para que consiga ter um relacionamento amistoso com seus colegas, chefes, clientes, fornecedores, enfim, com todos. E com você mesmo.

Se seus planos não derem certo de início, não desanime. Faz parte da vida as coisas saírem erradas, desmoronarem, sofrerem reveses. É assim mesmo. Você verá que as empresas lidam com essas situações todo o tempo. Apesar do planejamento, da organização, das metas e da experiência, as coisas não estão sob controle absoluto. Há mudanças políticas, de orientação empresarial, econômicas, etc., que não podem ser dominadas pelos patrões e tampouco pelos empregados.

Aprenda a cultivar a paciência. Ela é ótima companheira da perseverança. E se você quer chegar lá, paciência!

Disciplina

Algumas pessoas nascem naturalmente disciplinadas. Podem vir de uma família caótica, sem horários, sem uma casa organizada, sem métodos e, mesmo assim, conservam uma ordem interior que se reflete em seus objetos escolares, na sua aparência, na sua pontualidade, na maneira sempre ordenada com que antecipam e realizam suas coisas.

Outras pessoas, apesar da disciplinada orientação da família, não possuem essa característica. São impontuais, aparentam sempre atribulação, resolvem tudo na última hora e acabam por dar a impressão de que não dão conta do recado. Por conseguinte, não se deve a elas delegar tarefas mais arriscadas.

E há ainda aquelas que nascem indisciplinadas em famílias também indisciplinadas. Gente incapaz de fazer a previsão das necessidades rotineiras da vida, como as compras do mês. Que vai à padaria, à mercearia, ao centro da cidade, ao supermercado a todo o momento. Que resolve tudo na improvisação. Que pede coisas emprestadas aos vizinhos — e ainda por cima não devolve! Que manobra os carros na garagem sem parar. Seu cachorro late mais do que os dos outros, sua empregada é exibida, a dona da casa parece não ter o controle das tarefas domésticas nem dos filhos, lá batem-se portas e fala-se alto. Dá sempre a impressão de que o mundo vai acabar. A casa só sossega quando é noite alta, e então o mundo parece recuperar a serenidade natural.

Os pais que permitem que os filhos subam nos balcões das lojas, mexam nos produtos, apertem insistentemente o botão de chamada do elevador, corram pelos estabelecimentos e toquem em tudo pensam que o mundo é também responsável pelos seus filhos e que uma criança tem o direito de importunar a ordem ao seu redor. Eles estão formando futuros profissionais indisciplinados, que pagarão um alto preço para modificar seu comportamento, pois a tarefa de se organizar interna e externamente é árdua. E necessária.

Um profissional disciplinado é pontual e atento, mantém suas coisas em ordem, sabe onde as guardou, conserva limpos seu carro, sua mesa, suas gavetas, seus papéis, seu ambiente.

Não importuna os outros com seus esquecimentos, sua desorganização, sua incapacidade de anotar, de guardar, de antecipar providências, de devolver empréstimos, de dar recados.

Não incomoda os demais com perguntas cujas respostas já obteve, não os obriga a repetir instruções, nem os amola com obrigações e atribuições suas.

Isso é básico para que você construa uma reputação de pessoa ciosa das suas obrigações e a quem se pode confiar uma tarefa com a certeza de que será cumprida.

Bom humor

Nem todo mundo nasce com a virtude do bom humor. Entretanto, convém cultivar essa qualidade, pois o mundo profissional implica a convivência.

Se você não nasceu bem-humorado, tente ao menos poupar o outro de seus altos e baixos. Não há nada mais desagradável do que estar próximo a alguém que, além de ser ranzinza, pesado, seriíssimo, queixoso, histérico, ressentido e ansioso, busca também impor essa atitude aos demais.

Deve-se cultivar um pouco de leveza e de cordialidade — mesmo que essas não sejam características naturais em você. Como já disse, é importante criar uma atmosfera favorável em torno de nós. Facilita aproximações, atrai pessoas e oportunidades.

Trate todos como se fossem seus clientes

Mantenha em mente que todos são clientes seus. O patrão, o chefe, o colega, a recepcionista, o *boy*, o motorista, o fornecedor, os pares de profissão, todos formam um time que construirá um conceito a seu respeito. Eles são a opinião pública que vai delinear o seu perfil e o avalia todo o tempo. Por isso, desde o começo, pense como você gostaria de ser percebido pelos demais. E a eles dispense o tratamento que se dá a um cliente.

Não permita que a descontração do dia-a-dia, a pressa em cumprir prazos, o nervosismo e o tempo de convivência o façam esquecer que o indivíduo que está à sua frente está permanentemente construindo, modificando ou reforçando a opinião que tem a seu respeito.

E ainda: freqüentemente, uma pequena grosseria ou negligência derrubam todo o trabalho que você fez para construir sua imagem.

Adote um nome

No Brasil, não é comum as pessoas se apresentarem com nome e sobrenome. Especialmente entre jovens, soa pedante e pretensioso usar o sobrenome. Nas salas de aula, adotam-se sobrenomes apenas para distinguir um xará de outro.

Esqueça, porém, a informalidade e assuma imediatamente um nome e um sobrenome. Daqui para a frente, você vai se apresentar assim. Tudo tem uma marca, uma identidade. Construa a sua. Do contrário, você será sempre o *fulano* de tal empresa. E, quando mudar de emprego, será o *sicrano* de tal empresa. Nunca será você por você mesmo. Aqui começa a sua marca.

No estágio

Você está iniciando sua vida profissional e todos sabem disso. Como? Pela sua juventude! Portanto, não pense que esperam de você idéias e atitudes extraordinárias nessa etapa, embora possa tê-las e as deva propor. Mas, caso não as tenha, considere a ausência de expectativa dos outros em relação a você uma vantagem, pois terá, assim, tranqüilidade para aprender sem pressão.

Se acontecer de lhe delegarem tarefas que você percebe que não lhe deveriam ser dadas, em razão da sua inexperiência, realize-as da melhor maneira que puder. Procure deixar ciente dos seus passos alguém que o esteja acompanhando de perto. Se algo der errado, essa pessoa saberá do seu empenho e dedicação. E você não precisa se mortificar se isso acontecer. Eles erraram mais do que você ao lhe delegar essa tarefa.

O que é ambiente profissional

Ambiente profissional é tudo o que se refere ao exercício da sua profissão: o local de trabalho, as empresas e as pessoas envolvidas com ele, as festas, os coquetéis e os eventos relativos ao negócio. Ambientes de trabalho que se parecem com campos minados existem e são muito desgastantes. Trazem permanente insegurança aos seus integrantes, tiram-lhes o sossego e possuem uma atmosfera de eterna conspiração. Procure não se deixar contaminar por esse clima e jamais participe dele.

Esses locais são povoados por criaturas fofoqueiras, que gostam de passar medo nos outros, que se ocupam em ouvir conversas ou ler documentos que não lhes dizem respeito, em aproximar-se sorrateiramente de colegas desavisados para tentar tramar, que se demoram mais tempo em algum ambiente apenas para participar de assuntos alheios, que sempre estão presentes em situações que, em princípio, não precisariam testemunhar. É gente cujo propósito é bisbilhotar, sentir-se mais parte de um lugar do que já é (pois o fato de ali estar trabalhando já a torna membro da empresa!), detentora de um poder que, de fato, não possui.

Fique atento a tal tipo de conduta e nunca se aproxime desse tipo de colega. Seja educado, dirija-se a ele apenas para o que for essencial. Não lhe dê a menor oportunidade de se aproximar. Seria convivência daninha com quem só deseja envolvê-lo em suas intrigas, comprometendo sua reputação e seu equilíbrio. Uma vez enredado, dificilmente você sairá incólume. Por isso, desde o começo, fique alerta para nunca entrar nesse esquema de convivência.

Aprenda os códigos

Ao adentrar o mundo profissional, você penetra em um universo cujos códigos não domina. Não está mais nos ambientes escolar, social ou familiar. Por isso, já não conta com a proteção que eles oferecem. Neles, você dispõe de um aparato que preestabelece os limites da convivência, a forma como ela se dá. Por isso, procure observar como as pessoas se relacionam nesse mundo novo. A forma como dialogam, as palavras que empregam, a distância física que guardam umas das outras, a altura da voz, os gestos, o tipo de hierarquia, tudo. Pense que é uma peça, um teatro. Não ria. É mesmo um teatro, uma simulação. Mas que conta, que gera conseqüências, é para valer, não é uma brincadeira. Se porventura você achar engraçado, é mesmo. Mas a vida dos adultos implica muita simulação e dissimulação. Faz parte da sua aprendizagem profissional aprender a ler esses códigos e a usá-los também.

Vou ilustrar esse item com um exemplo mais concreto. Imaginemos uma estudante de Publicidade e Propaganda que era a beleza do bairro, o sucesso do clube, o orgulho da família e o objeto de desejo da escola. Com razão, ela aprendeu a valorizar seus atributos e a se valer deles.

Todavia, ela também queria ter uma profissão. Ao entrar no mercado de trabalho, lançou mão dos códigos que sempre a fizeram ser aprovada socialmente: seu jeito descontraído e seguro, aliado à sua aparência.

Entretanto, começou a assustar-se com as abordagens masculinas, diretas, às vezes grosseiras, quando, apesar de tudo, seu interesse era aprender o ofício. Essa estudante fora poupada de muitos dissabores, porque agia sob a proteção da família, da escola, dos amigos, de um círculo que tinha dela outras referências além das que apresentou ao iniciar-se profissionalmente.

Depois de alguns sustos, ela entendeu que a vida profissional pode até implicar sedução. Mas, se você deseja construir uma carreira e ser respeitado como profissional, o caminho mais claro e tranqüilo é começar por aprender os códigos do mundo dos adultos. E a primeira orientação é: na vida profissional, você já não conta com a proteção da família, dos amigos e do círculo social, que conhece limites preestabelecidos. No trabalho é você quem deve determiná-los, com base em suas convicções, projetos e ambições, refletidos em sua conduta.

Se você tem desenvoltura para sair-se bem de situações constrangedoras, ótimo. Se não, recomendo distância. A formalidade protege de abordagens embaraçosas e mantém as pessoas a uma distância segura.

Aos sedutores sugiro que deixem para exercer esses dotes irresistíveis que têm em outro ambiente que não o do trabalho. Um sedutor acaba por se tornar cansativo, motivo de deboche e de antipatia.

Busque modelos

Aprender implica buscar modelos, referências. A criança, ao se alfabetizar, aprende copiando a letra da professora. Quantos cantores já não confessaram ter iniciado suas carreiras imitando alguém a quem admiravam. Elis Regina imitava Ângela Maria. É aquela famosa frase: "Quando eu crescer, quero ser igual a fulano de tal". Na vida profissional é assim também.

Identifique nos grupos quem você admira e procure imitá-lo. Observe sempre tudo e todos. Como já disse, é importante ter referências no novo mundo no qual está entrando. Escolha a quem vai admirar, pois essas pessoas servirão de modelos para a sua conduta. Veja como elas dialogam com os superiores, negociam com os fornecedores, atendem os clientes, tratam os colegas, realizam o próprio trabalho e desvencilham-se de situações embaraçosas sem causar atritos.

Procure pessoas que sejam hábeis em seus relacionamentos e observe como elas lidam com os outros. Veja como trabalham, a prioridade que dão às tarefas, o cuidado que têm com a qualidade do resultado.

Como se vestir

Use roupas discretas. Roupa de trabalho não é roupa de passeio. Para as mulheres, salto baixo. Se alto, não deve ser fino. Ainda: nada de decotes, alcinhas, transparências, roupas colantes e curtas, etc. Quanto mais pele à vista, mais exposição física. Quanto mais exposição física, mais encorajado o outro se sente para se aproximar. Lembre-se: roupas são códigos. Se deseja um comportamento determinado, mostre-o corretamente com suas roupas e atitudes. A ambigüidade gera mal-entendidos.

Para os homens: roupa bem lavada, bem passada, cabelos limpos e bem cortados, barba feita, unhas aparadas e limpas e sapatos engraxados. Não use as calças *jeans*, os tênis, a *pochette*, a camiseta de ir à aula em outras circunstâncias. Não são roupas de trabalho. A menos que você perceba claramente que esses trajes são compatíveis com a função que vai desempenhar.

Observe se os colegas são alérgicos antes de adotar algum perfume. Se forem, evite. Se não forem, prefira os aromas menos doces, menos marcantes, mais suaves e perceptíveis somente de perto.

Cuide de sua saúde e de sua aparência. Nessa atividade isso conta muito. Corrija os dentes irregulares, elimine manchas de pele e nos dentes, combata a acne, a caspa, os cabelos rebeldes, o mau hálito, o suor nas mãos, tudo. Faça todo o esforço para parecer impecável. Isso não implica, necessariamente, um fantástico guarda-roupa. Implica bom senso e higiene pessoal.

Se pareço por demais rigorosa nesse item, é porque sei que a ascensão profissional considera esse quesito. Não basta ser apenas competente, é preciso ter boa aparência. Não se trata de beleza física, mas de cuidado e adequação. Repare como se apresentam o presidente da empresa e os profissionais de escalão mais alto. Eles aprenderam a investir em códigos visuais compatíveis com as suas funções. Por isso, à medida que você conquistar novos postos, verifique se sua aparência está acompanhando essa ascensão. Esteja certo de que, nessa profissão, todo mundo nota e reprova um profissional cujo *layout* não combina com o salário e a projeção do cargo que ocupa.

Como se comportar

Ninguém tem nada que ver com a sua vida. Se é filho de pais separados, se nasceu no interior ou na Capital, se é casado, solteiro, recatado, exigente, sempre disponível, se casou grávida, se é filho de estrangeiros, onde mora, quantos irmãos tem, em que seus pais trabalham, os bens da sua família, se você é muito cobiçado, se já fez plástica, nada. Seja um túmulo.

A vida pessoal é sagrada. Sempre que cair na tentação de revelar algo da sua vida que você sabe que é particular e que o favoreceria naquele instante, pense como se fosse algo que o desfavorecesse. Você mesmo assim a revelaria? Então, tudo tem seus dois lados.

Não facilite para o outro a tarefa de desenhar o seu perfil, identificar suas carências, pontos fracos, complexos e vaidades. Num jogo de manipulação, ele vai lançar mão desses elementos, os quais você, por ingenuidade ou vaidade, já lhe terá antecipado para tentar manobrá-lo.

Defenda sua privacidade a todo o custo. Se houver momentos em que isso não for possível, informe apenas aquilo que é comum à existência de todo mortal. Não estabeleça com os outros diálogos confessionais, nem faça relatos minuciosos de coisa alguma que não se relacione com seu trabalho.

Volto a repetir: saúde, viagens, condições financeiras, vínculos familiares, círculo de amizades, relacionamentos afetivos e filhos não devem fazer parte do seu repertório público. Além de tudo, você pode soar pedante e exibicionista. Se você fosse tão rico e bem-sucedido assim, estaria trabalhando? Talvez não. Um pouco de senso crítico não faz mal a ninguém, não é?!

Como participar de uma reunião

Se você for convocado para uma reunião

- Informe-se sobre a pauta e sobre quem estará presente.

Assim, poderá organizar argumentos e documentos para apresentar. Não se esqueça de confirmar o local e a data.
- Seja pontual.
- Ao participar, saiba que quem a comanda é quem a convocou.
- Não é necessária sua intervenção para que os demais tenham ciência de sua presença. Se não tiver o que dizer, simplesmente não diga. Seja econômico.
- Não abra o documento que lhe for entregue antes de o líder da reunião ou quem o tiver produzido solicitar que o faça.
- Repito: se vir algum erro de revisão, ignore-o. Você não é professor de ninguém, e a correção não lhe foi solicitada. Não é polido apontar o erro do outro.
- Quando se atrasar para uma reunião, alegue um imprevisto, mas não precisa detalhá-lo. A interrupção que você causou já é desagradável. Parar para ouvi-lo é duplamente desagradável, pois prolonga o desvio da atenção. Se sua chegada não interrompeu o assunto, entre silenciosamente, tome o seu lugar e acompanhe o desenrolar dos acontecimentos, sem importunar seu colega com perguntas sobre o que já foi abordado.
- Não fume.
- Você não é obrigado a aceitar o café ou a água que lhe oferecem.
- Fale baixo. Mas se o tema for de fato arrebatador, fale espontaneamente.
- Antes de expressar-se, pense. Organize suas idéias e a forma de expô-las. Você parecerá preparado.
- Não se oponha a quem teve a idéia que você desaprova, mas à idéia propriamente dita. Mesmo assim, só deve se opor se for uma questão de extrema relevância, a seu ver. Do contrário, evite o desgaste ou deixe que outro abrace a questão.
- As pessoas sentem-se mais expostas em reuniões do que se imagina. Não se espante se enrubescerem, se suas mãos ou sua voz tremerem, se vacilarem em suas opiniões. O ser humano é muito mais inseguro do que imaginamos.

Se você for convocar uma reunião

- Informe a pauta e quem serão os convocados, para que os outros possam se organizar. Ao realizar uma reunião, siga os seguintes passos para ter êxito e mostrar organização em seu trabalho.
- Confira todo o material que levará para ela.
- Ensaie antes.
- Distribua a pauta escrita. Você fará tantas cópias quanto forem necessárias aos convocados, e mais uma, para um imprevisto.
- Ao iniciar a reunião, recapitule para os demais o contexto que a antecedeu e a motivou. Nem todo mundo se lembra. As pessoas são mais dispersivas do que se imagina. O tempo decorrido desde o último encontro e as atividades nesse ínterim podem ser as causas desse esquecimento. Facilite a participação dos colegas na reunião.
- Fale com calma, mas não tão pausadamente a ponto de gerar aflição ou de demonstrar o desejo de tornar o assunto mais relevante do que é.
- Se for apresentar algum trabalho escrito, distribua as vias de cada um, informando que é para facilitar o acompanhamento da exposição. Se alguém começar a ler antes, solicite, educadamente, que aguarde para acompanhar com todo o grupo.
- Uma reunião deve durar somente o tempo necessário. Daí ser preciso organizá-la. Encerre-a deixando claras as providências e conclusões tiradas do encontro e já determinando uma data para a próxima, se necessário.
- Se você se atrasar, peça desculpas e dê início à reunião imediatamente.

A convivência em grupos

Ao iniciar sua vida num mundo novo, você começará a freqüentar ambientes povoados de pessoas diferentes. Não seja precipitado. Não se afobe. Os grupos nos acolhem aos poucos. Alguma resistência e desconfiança no começo é natural. Por isso, não se esforce para ser rapidamente conhecido. Dê tempo aos outros para se acostumarem com a sua presença, desejarem conversar com você. O dia-a-dia endurece as pessoas, força certa indiferença com aquilo que até então não existia no ambiente de trabalho, mesmo que "aquilo" seja um ser humano. Deixe que elas se familiarizem com você, sintam-no e não o vejam como uma ameaça. Essa indiferença pode ser intencional. A fim de constranger um novato (que não foi formalmente apresentado a todos, situação muito comum em relação aos estagiários), alguns elementos fingem que não o percebem ou fazem brincadeiras de mau gosto. Procure não se deixar abater por esse tipo de crueldade. Você está ali com um objetivo. Fixe-se nele e vá em frente. Não é necessário ser popular para estar presente em algum lugar e dele tirar proveito.

Se não for aceito definitivamente em algum grupo, não insista. As diferenças existem, os grupos as percebem rapidamente e tentam punir quem detém qualidades ou condições impossíveis para aquelas pessoas. Embora essa antipatia em relação a você possa parecer gratuita, muitas vezes, as pessoas têm suas razões e delas não abrem mão. Reconhecer as vantagens que a sua situação oferece só faz enrijecer ainda mais a resistência à sua pessoa.

Diante dessa situação, faça o "jogo do invisível". Simplesmente tente "apagar" ao máximo a sua presença aos olhos deles. Não se sinta deprimido, nem com a auto-estima diminuída. É apenas um jogo de convivência que visa atenuar a hostilidade em relação a você. Fique na sua, discretamente. É cansativo, mas dá resultado. Se a situação melhorar, não significa que você foi aprovado. Significa que o jogo funcionou. Continue na sua. Não relaxe. E saia desse grupo assim que puder. Esse tipo de convivência não vale a pena.

Falar ao telefone

Falar ao telefone no ambiente de trabalho não é como falar com os amigos. As conversas devem ser rápidas, as informações precisas, tudo para um entendimento imediato. O tempo não pode ser desperdiçado, porque ali vale dinheiro.

Assim, ao atender ao telefone, fale primeiro o seu nome e o seu setor. Por exemplo: "Taís Leão, Departamento Comercial". Se atender em ramal alheio, identifique-se: "Pronto, Taís Leão, no ramal de Mônica Ribeiro". Ou: "Pronto, Taís, na Criação". (Que não é, naquela empresa, o setor da Taís.) Isso evita perda de tempo e perguntas como: "Quem está falando? Taís? Pensei que tivesse ligado para a sala da Mônica. Ah, você está aí na Criação? E a Mônica, onde está?"

Os patrões, normalmente, são muito nervosos. Se você tiver o azar de atender a uma chamada dele, lembre-se dessa sugestão. Você vai se livrar com galhardia de uma situação aflitiva.

E mais: se você não tem prática de estabelecer diálogos objetivos ao telefone (isso é normal no começo), ensaie antes. Anote no papel os pontos que deverá abordar. Fale pausadamente. Agradeça ao final. Beijos só se enviam aos íntimos. No máximo, um abraço, quando for o caso.

No elevador

Repare como as pessoas não sabem se comportar em um elevador. Param antes de chegar à parede do fundo, não se encostam nas laterais, impedem que mais pessoas possam se acomodar, esbarram na gente. Isso, por si só, já é desagradável.

Mas o pior é você acreditar que ali não há ninguém que possa entender o comentário infeliz que vai fazer. E o faz. Só que, lamentavelmente, no elevador está o filho do dono da empresa. Por ser uma figura discreta, ou por não estar sempre na empresa, você não se lembra dele. Mas ele ouviu o comentário inconveniente que fez sobre o pai dele, sobre a empresa, sobre o estágio que você está fazendo ali, sobre alguém que trabalha no local, enfim, tudo.

Sugiro que, por mais descontraído e seguro que você se sinta, nunca comente coisa alguma em um elevador, seja ele o do seu serviço, seja o de empresas ligadas à sua área de trabalho, seja qualquer outro, mesmo que só estejam presentes você, seu interlocutor e o ascensorista. Você desconhece as ligações desse ascensorista com os demais elementos da empresa. Fique caladinho, espere chegar ao andar desejado e só então fale.

Em palestras

Você continuará a assistir a palestras em sua vida profissional. Tendo gostado ou não do desempenho do palestrante ou do conteúdo abordado, é melhor aplaudir. É a forma de você manifestar seu agradecimento, se não pela qualidade da exposição, ao menos pela boa vontade do apresentador em ter se disposto a oferecer o tempo dele — mesmo que remunerado — a você. Também é a maneira de agradecer aquela oportunidade aos promotores do acontecimento.

E ainda: saia do recinto sem pressa. Não é nada fino sair em louca disparada rumo ao coquetel que se seguirá.

Não peça ao palestrante, em público, cópia do texto da exposição. Se o fizer em público, poderá constrangê-lo e obrigá-lo a atender ao pedido, mesmo se ele não o desejar. Deixe-o à vontade para recusar. Afinal, se ele tivesse grande interesse em cedê-lo, teria informado a audiência dessa intenção.

Em eventos

A vida profissional do publicitário implica participar de eventos regados a bebidas alcoólicas. Se você bebe, não o faça em excesso nessas ocasiões. Para começar, um bêbado é desagradável em qualquer ambiente. Além disso, você correrá o risco de ser indiscreto, de revelar informações profissionais sigilosas, de fazer comentários deselegantes sobre situações e pessoas, poderá ficar malvisto, criará discórdia com quem interessa manter um relacionamento afável e comprometerá sua reputação.

Acidentes dessa ordem não têm conserto, porque todo mundo sabe que aquilo que o bêbado diz é o que ele pensa. A bebida tem o poder de desarmar as pessoas, vencer-lhes a autocensura, quebrar-lhes a resistência. E justamente em um terreno em que você deve se mover com toda a perícia você fica bêbado?

Com os colegas

Seja um bom colega. Ser bom colega não significa ser amigo. Então, o que é um bom colega?

Um bom colega é prestativo, educado, atencioso, discreto, solidário, generoso, disponível, neutro. Claro que há graduações, conforme o nível de afinidade que você tem com o outro, o tipo de tarefa que desempenham e mesmo o espaço físico que dividem.

As empresas oferecem espaços muito exíguos a seus profissionais. Ali eles têm de resolver todas as questões da própria vida durante o horário de trabalho. Fica difícil ignorar muitos assuntos que são falados pelo outro ao telefone. Nem por isso você tem de se manifestar acerca deles. Finja, literalmente, que os desconhece. Afinal, não foram falados para você, não são da sua conta. Isso vai poupá-lo de se meter em assuntos que não se relacionam com o trabalho que faz e irão evitar-lhe a péssima reputação de fofoqueiro.

Ainda que seu colega tenha acabado de ter uma acalorada discussão com alguém ao telefone e queira comentá-la com você, perguntando se você ouviu, diga: "Não deu para prestar atenção, eu estava concentrado fazendo esse relatório (ou coisa que o valha)". Se não houver como escapar do relato do colega, conclua evasivamente: "Que chato!" Ou: "Que pena!" Ou: "Que interessante!" E caia fora.

Lazer e trabalho

Você adora seus colegas e seu local de trabalho. Não perde uma reunião, uma sexta-feira depois do expediente, um churrasco no sítio do patrão, um final de tarde, uma comemoração. Chega de viagem e corre para encontrar o pessoal no bar de sempre, mesmo que suas férias ainda não tenham acabado. Pergunto: precisa de tanto? Não dá para ter uma vida privada dissociada da vida profissional? Será que seu lazer tem de estar vinculado ao ambiente de trabalho? Se não der, modere-se. Nem a ponto de se privar da alegria da convivência com os seus pares, nem que fique exposto em demasia. Isso é carência.

A propósito, cultive um estilo de vida completamente distinto de seu ofício. Pratique esportes, freqüente outros grupos, tenha um passatempo, viva uma vida privada paralela à do trabalho. Assim, qualquer infelicidade que ocorrer nesse campo poderá ser contrabalançada pela outra esfera. Por mais absorvente e prazerosa que seja a atividade profissional, ela não é tudo, nem pode ser. Tenha outras fontes de compensações além do mundo do trabalho. Isso é bom para a sua saúde física e mental.

As festas que as empresas oferecem aos funcionários são salutares, proporcionam a oportunidade de conversas descontraídas com os colegas, criam uma atmosfera de integração e de que o funcionário pertence àquele grupo. Aliás, é esse o objetivo dessas confraternizações. Mas elas são também um protocolo, uma formalidade própria do negócio. É um tempero social e humano que se dá à atividade. Por isso, tire delas o proveito que lhe interessar, mas reconheça seus limites. Sempre será uma comemoração profissional. E ali também você estará sendo avaliado.

Os relacionamentos

Seja um bom colega. Antes de você se tornar conhecido, serão aqueles com quem trabalhou que indicarão você, endossarão seu nome. Isso é construir bons relacionamentos. Lembra-se de que eu disse que tudo é pessoal? Por mais tecnicamente preparado que esteja, é imprescindível que as pessoas gostem de você. Ou, ao menos, que não lhe tenham resistência. As decisões são emocionais, embora se apóiem em justificativas racionais. Trate, pois, de ser competente, para respaldar a indicação do seu nome. Mas também procure ser uma pessoa amável. Não é preciso ser artificialmente simpático. Basta não ser hostil ou antipático. Você sempre trabalhará em equipe. E é preciso que ela o aceite como seu integrante. O critério é emocional, apesar de necessitar de argumentos racionais. Trate de satisfazer os dois requisitos.

O dono, o presidente, o diretor só o convocarão pessoalmente quando você já for suficientemente conhecido. Nesse caso, o grupo de trabalho vai recebê-lo, pois a decisão será oriunda do nível superior da hierarquia.

Mas, tanto em um quanto em outro caso, não estão afastadas as duas condições: competência e bom relacionamento. O grupo sempre poderá testar o novo elemento, aprovando-o ou rejeitando-o. Tenha em mente que você sempre estará dependendo da aprovação dos seus pares. Eles são, em grande parte, responsáveis pela sua presença na empresa. Em síntese, pela manutenção do seu emprego. Daí, não se indisponha frontalmente com os líderes dos grupos. Tampouco faça parte de guerrilhas internas, *panelas*. Tente ter uma posição neutra, apenas comprometida com a qualidade do trabalho. É uma tarefa difícil, que exige astúcia e habilidade. Na condição de iniciante, você estará fora desses jogos, o que lhe dará condições de observá-los sem risco. Com o passar do tempo, já deverá saber se livrar desse tipo de armadilha.

Busque interlocutores confiáveis. Eles são raros, mas existem. Exercer uma profissão é também trocar experiências. À medida que você for se qualificando, mais escassos se tornarão esses interlocutores e mais necessários se farão. Pois, senão, você estará condenado ao silêncio.

Procure pessoas competentes e de bom caráter para conversar sobre temas profissionais. Dialogar faz parte do crescimento humano e do amadurecimento numa atividade.

A concorrência

A inveja, a insegurança, a mesquinhez, o despeito, a falta de ética e outras características são próprias do ser humano. Fazem parte do seu caráter, assim como a generosidade, a solidariedade, o respeito, a admiração, o talento, a nobreza.

À proporção que você se tornar mais competente, mais pessoas quererão se interpor em seu caminho. Elas começarão a lançar mão de estratagemas para afastá-lo, tanto mais surpreendentes e sofisticados quanto for a sua competência. Prepare-se. Mas não se assuste. Nessa altura, você também já estará suficientemente preparado para ciladas e situações perigosas. E não se preocupe com o sucesso alheio. Faça a sua parte.

As oportunidades

À medida que se tornar mais capacitado, escolha para quem e com quem trabalhar. Busque ambientes amistosos, empresas arrojadas, com infra-estrutura e equipe competentes. É neles que há mais possibilidade de você realizar-se profissionalmente, de aplicar suas idéias e conhecimentos, de aprender mais, de ganhar projeção, de exercitar-se melhor, e é neles que a sorte poderá visitar você.

Crie oportunidades profissionais para você. Para isso, são necessários bons relacionamentos e sua capacidade.

Para sempre

Algumas orientações devem sempre ser seguidas. São condutas que recomendo, ainda que você venha a ser o profissional mais famoso e bem-sucedido do universo. São elas:

- Nunca assine nada com lápis. Assine com a caneta e date.
- Jamais passe adiante um trabalho ou documento seu sem sua assinatura e a data.
- Nunca passe adiante um trabalho ou documento seu sem ler atentamente o que está escrito. Verifique a precisão dos termos, das informações e a correção do idioma. Mensagem mal escrita depõe contra o autor.
- Procure não repetir erros.
- Não tenha medo de perguntar. Mas faça-o a quem poderá responder sem com isso julgar-se muito inteligente e importante.
- Não constranja com perguntas quem você percebe que não sabe as respostas.
- Não se deixe humilhar nem maltratar. Você está aprendendo uma profissão. Essa condição não é motivo para que os outros se achem melhores do que você. E você também não tem o direito de humilhar ninguém.
- Retorne sempre todas as ligações que receber. Nunca deixe de fazê-lo. O fato de ter-se tornado famoso, rico, não o desligou do mundo e das pessoas. Você continua sendo um mortal que atua numa atividade, e dela fazem parte certos comportamentos. Retornar telefonemas é um deles. E ser bem-educado também.
- Honre seus tratos e compromissos. Se ficou de dar uma resposta a alguém, faça-o. Se não a tiver na data combinada, comunique isso ao interlocutor e marque outra data. Não se deve deixar as pessoas no ar e sem previsões.
- Nunca deixe de dar um recado. Anote o nome da pessoa, da empresa de onde chamou, a data e o horário. Registrar os dois últimos dados é uma medida de segurança, para que não aleguem que você não transmitiu a mensagem a tempo.
- Guarde as ordens que tiverem sido passadas a você por escrito. As pessoas "se esquecem" do que disseram e das orientações que deram, principalmente a um novato.
- Zele pela segurança dos seus pertences. Habitue-se a guar-

dar a bolsa, a carteira, etc. Se algo seu desaparecer no local de trabalho, a culpa é sua. Quem mandou deixá-los à mostra? Também evite conferi-los ou arrumá-los diante dos outros. Além de não ser o lugar apropriado — faz-se isso em casa —, é melhor que não fiquem expostos.

- Cumprimente as pessoas ao chegar, ao sair, sejam elas quem forem, não importando o grau hierárquico. Aprenda a usar expressões que não se usam na informalidade. Por exemplo: bom dia, boa tarde, com licença, desculpe interromper, por favor, obrigado, etc.
- Acostume-se a estender a mão para cumprimentar as pessoas. Se for uma mulher, espere que ela o faça primeiro. Troca de beijos não se usa, a menos que o coleguismo e a afeição já tenham chegado a esse ponto.
- Nunca entre em um ambiente — ainda que seja uma sala em que você sempre vai e na qual esteja um colega de quem você gosta muito — sem pedir licença. Você está entrando num território que não é o seu. E as pessoas são muito mais ciosas dos seus territórios do que você pode imaginar.
- Jamais ocupe o lugar do outro, ainda que seja fora do horário de trabalho. Não se sente em sua cadeira, não ponha nada sobre a mesa dele. Aquele território não lhe pertence. Repito: as pessoas são muito zelosas quanto aos seus limites espaciais.
- Não se aproxime demais para conversar com quem não tem relacionamento afetivo. Algumas pessoas têm o hábito de conversar assim, sussurrando, dando a impressão de que estão conspirando. O ser humano, instintivamente, guarda uma distância segura do seu semelhante, que é de cerca de um metro. Mantenha essa distância.
- Não toque nas pessoas. Não é preciso nem é educado.
- Fale baixo o suficiente para não incomodar. Mas falar baixo demais também é deselegante, pois obriga o seu interlocutor a esforçar-se para ouvi-lo. Irrita, pois você não deve valorizar sua pessoa a ponto de forçar alguém a uma mudança de comportamento apenas para compreendê-lo.

- Não fume. Se fuma, faça-o somente em ambientes abertos e distante de pessoas que já se declararam alérgicas ou com repugnância ao fumo. Nada de fumar em ambientes com ar-condicionado, empestando tudo e todos.
- Avise a quem de direito (secretária, recepcionista, colega) quando for sair, informando aonde vai, com quem se reunirá e a previsão de retorno. Nunca dê ao outro a oportunidade de levantar a hipótese de que você não está sendo responsável com seu trabalho.
- Avalie se é conveniente pedir a um colega uma cópia de qualquer documento de autoria dele. Abandone definitivamente o hábito criado na faculdade que permite que se tire *xerox* de tudo. Aprenda que qualquer coisa produzida pelo outro consumiu talento e tempo dele. E isso custa dinheiro.
- Não faça anotações em documentos alheios.
- Trate as mulheres com a devida consideração. O fato de trabalharem juntos não implica desatenção para com algumas regras da boa educação. Lembre-se de abrir a porta para a colega, segurar a porta do elevador para que ela entre, ceder-lhe passagem, carregar para ela os objetos mais pesados, etc. São minúcias que distinguirão você e não parecerão pedantes. O mundo não é *unissex* em tudo. Por que não tratar as mulheres com a gentileza que lhes deve ser conferida?
- Ao pegar carona — como ir juntos a uma reunião — e se você for no banco detrás, ao descer entregue ao motorista a bolsa ou a pasta ou qualquer objeto que ele tenha posto ali. Não o obrigue a fazer uma manobra com o corpo, se você pode ajudá-lo. Afinal, ele está sendo gentil em transportá-lo. Por que não retribuir?
- Da mesma forma, se um "tomador de conta" solicitar a esse motorista autorização para olhar o carro e ele consentir, trate de pagar a gorjeta.

5
Dos planos e prazos

Todas as pessoas têm metas, ora confessas, ora escamoteadas, ora negadas. No campo profissional, não perca tempo em confiar, mesmo que o mínimo, no discurso de alguns que "preferem deixar as coisas fluir", que dizem: "a coisa boa, quando tem de vir, vem", "aconteceu, né?"

A verdade é que ninguém vai investir seu tempo e energia em algo se não for para dali tirar o maior benefício possível. E isso implica ascender profissionalmente, conquistar novos postos, obter melhor remuneração e destacar-se no mercado. A competição está presente em todos os momentos.

Porque todos têm planos e prazos para realizá-los. E muitos não hesitarão em lançar mão de ardis questionáveis para conquistar o que almejam. Faz parte.

Assim, antes que, lá adiante, você venha a sentir a tentação de acusar o seu colega de mau caráter, de traidor, de dissimulado, lembre-se de que já foi avisado da possibilidade de o outro correr mais rápido que você atrás de suas metas, e usar qualquer meio para alcançá-las. A vida é assim.

6
O bom chefe

Ao longo da vida profissional, somos subordinados de outras pessoas que ocupam o cargo de chefia. Seja o diretor, o gerente, o coordenador, o superintendente, o presidente, sempre haverá alguém superior na escala hierárquica.

Apresento alguns traços que, na minha opinião, caracterizam um bom chefe. São eles.

- Mais bem qualificado do que a equipe.
- Mais experiente do que a equipe.
- Seguro.
- Agregador.
- Educado.
- Generoso. Conhece as qualidades e as limitações de cada um e lida com elas de maneira construtiva, até quando repreende.
- Protege a equipe, quando necessário.
- Orienta as ações da equipe e justifica-as.
- Sabe identificar o profissional de talento e valoriza-o. Não tem medo do brilho e da competência dos outros.
- Sabe ouvir e sabe falar.
- É justo.
- É tão entusiasmado pelo trabalho quanto um iniciante.
- Dá bom exemplo.
- Age conforme diz que se deve agir.
- Não se envolve em fofocas.
- Não mistura vida particular com vida profissional.

Aproveito para fazer uma recomendação. Não pense que o seu chefe tem muita autonomia na empresa. Ele é apenas uma parte — menos desimportante do que você, naquele momento — da engrenagem que integra. E, por isso mesmo, é, tanto quanto você, peça de um sistema. Logo, não confie em que seu chefe terá o poder de mantê-lo no emprego, quando surgir alguma indisposição contra seu nome em um escalão superior a ele. De modo pessoal, poderá até se solidarizar com você. Mas, ainda assim, estará impedido de expressar tal solidariedade no momento em que você mais precisar, seja por meio de atitudes, seja por meio de palavras. A razão é clara: seu chefe é tão empregado quanto você e tem igual receio de perder o emprego.

Portanto, não coloque seu chefe em situação constrangedora. Evite precisar contar com o amparo dele, pois sua possibilidade de ajudá-lo é limitada. Reconheça que, a despeito da admiração e mesmo da amizade que tiver surgido entre vocês, ambos se encontram numa circunstância profissional que, como já disse, implica a sobrevivência das pessoas. Essa questão impede gestos de autenticidade e de apoio explícitos. Compreenda que as coisas da vida profissional funcionam dessa forma.

7
O bom patrão

Algumas características do bom patrão.
- Conhece bem a área na qual atua.
- Remunera seus profissionais com justiça.
- É correto no cumprimento dos tratos de dinheiro e outros.
- Oferece boas condições de trabalho.
- Dá autonomia aos funcionários.
- Não passa insegurança à equipe.
- Dá bom exemplo.
- Não se expõe além da conta.
- É educado.
- É justo.
- Não é ostensivo nem ostentador.
- Funciona como referência do negócio para a sua equipe.
- Dá satisfações à equipe quando necessário (demissões em grupo, mudanças na estrutura e novas ações — participação em concorrência, premiações, acordos operacionais, contratação de pessoal em outras praças, etc).
- Sabe identificar o profissional de talento e valoriza-o.
- Sabe ouvir e falar.
- Não se envolve em fofocas.
- Não mistura a vida particular com a vida profissional.

Gostaria de alertar o iniciante de que nem sempre o patrão sabe, de verdade, os rumos do seu negócio. Embora ele apresente planejamentos, faça afirmações cheias de convicção, é bom lembrar que vivemos num país onde a tônica sempre são as incertezas, as alterações de rota abruptas.

As mudanças políticas e econômicas sempre ocorreram, e os empresários, não obstante a alta posição em que se encontram — que lhes permite acesso natural a informações e uma visão mais ampla das coisas —, não podem controlar as rédeas do negócio com muita segurança.

Não se deixe impressionar muito pelos planejamentos anuais, metas, gráficos, pesquisas, etc. Registre-os bem em sua memória e confira-os ao final de determinado período. Veja se o que foi dito no começo do ano foi seguido até seu final. É muito importante conhecer a história da empresa: como começou, quem são seus sócios, o perfil de cada um, as causas dos altos e baixos do negócio, sua cultura, o clima predominante ali, etc.

Desconfie de discursos como: "Não lhe posso adiantar nada do que a empresa planeja para o próximo ano, em razão de serem informações sigilosas, que só podem circular na diretoria, mas tenho planos para você". Ou ainda: "Muitas mudanças estão programadas, daremos um salto no próximo período". E mesmo: "Não lhe posso revelar o desenho da empresa no próximo ano, mas quero poder contar com você nessa nova estrutura". E coisas desse tipo. Significam que o interlocutor quer dar a impressão de que existe uma garantia quanto ao negócio, à sua presença nele, mas de fato não a tem. É o chamado *abstrato convincente*, discurso cheio de palavras, mas desprovido de conteúdo.

Treine sua memória. É ela que lhe vai dar elementos básicos de comparação para que você construa critérios de avaliação dos grupos, empresas e pessoas que estão ao seu redor. Inclusive do seu patrão.

8
Da demissão

Tanto você quanto a empresa tem o direito de romper o vínculo que os une. Se a empresa o faz, trata-se de dispensa. Se for você, trata-se de demissão. Mas é comum ouvir a maioria das pessoas dizer, equivocadamente, que *se demitiu*, quando, na verdade, pediu que a empresa a *dispensasse* do emprego para fazer jus a alguns benefícios a que não teria direito se se demitisse. Mas isso é apenas um esclarecimento.

O rompimento desse vínculo pode acontecer por inúmeros motivos. O empregado teve uma proposta mais vantajosa (em termos de remuneração, participação, perspectiva, promoção, infra-estrutura, equipe, projeção, etc.), a empresa não está satisfeita com o desempenho do funcionário (com o relacionamento com a equipe, o cumprimento de tarefas, um desajuste com a filosofia da empresa), ou precisa enxugar a folha de pagamento, o empregado quer mudar de ramo de atividade ou de estilo de vida, uma reorientação da rota do negócio, etc.

Perder o emprego é sempre desagradável, chega a abalar. Provoca um sentimento de baixa estima, de menos valor, como se o demitido fosse um pecador condenado ao fogo do inferno, inferior aos demais mortais, reprovado por toda a humanidade. Nesse instante, qualquer elemento que esteja empregado, em qualquer atividade e com qualquer remuneração, é melhor do que o dispensado aos olhos dele mesmo. A sua vontade é sumir, afastar-se do ambiente profissional, até encontrar outro emprego.

O processo da dispensa começa de várias maneiras. Uma delas é quando o candidato à dispensa não sabe que o é, embora todos ao seu redor saibam. E é por meio das atitudes deles que ele, a *vítima*, começa a desconfiar de que algo não vai bem para o seu lado. Porque todos os colegas começam a rarear as conversas com ele, a olhá-lo de lado, a evitá-lo, como se estivesse com doença contagiosa. Repentinamente, não é mais escalado para participar das reuniões habituais, suas perguntas não recebem mais respostas completas, o indivíduo fica *esvaziado*, não conta mais, é carta fora do baralho. Nesse momento, aquelas criaturas sombrias, que povoam os ambientes minados por elas mesmas, mostram-se-lhe veladamente solidárias e condoídas, numa total morbidez.

Outra forma é quando, ao retornar de uma viagem de trabalho, a *vítima* não encontra mais sua mesa no lugar, acha suas gavetas remexidas, as providências que pediu não foram tomadas, e sua secretária está atendendo a outra chefia. Só falta o golpe de misericórdia, com a comunicação de sua dispensa.

Maneira mais cruel é informar a dispensa às vésperas do Natal, do início do gozo de férias ou da tão prometida semana de folga. Nesse caso, um sinal identificador da dispensa iminente é a solicitação, pelos superiores, de relatório completo e detalhado das atividades, antes da partida da *vítima* para o descanso.

Um colega mais leal poderá vir a antecipar à *vítima* o que está por vir. Mas é raro. Não conte com isso.

A dispensa dá aos que não gostam do demitido a oportunidade de revelar a sua perversidade. É mesmo espantoso que alguns profissionais, situados em grau hierárquico bastante superior ao da *vítima*, se valham desse momento para demonstrar-lhe seu desprezo e sarcasmo. Não se assuste. Isso faz parte do jogo da vida. O ser humano é às vezes estúpido. Esquece-se de que hoje é a vez do outro, mas amanhã pode ser a dele. É raríssimo alguém ter um gesto de grandeza e nobreza em favor do dispensado. Mas tal gesto dificilmente mudará a situação.

Se for dispensado, espere a poeira baixar até procurar seus ex-colegas, mesmo se gostar muitíssimo deles. Nesse momento, não faça da empresa e da sua dispensa a tônica da conversa. Pode ser difícil, mas é mais saudável e prudente. Apesar da verdadeira estima que une seus colegas a você, eles ainda se encontram ligados à empresa. Não seria ético da parte deles maldizer o lugar onde ganham seu pão. E mais: as pessoas, mesmo as mais independentes, acabam por desenvolver uma espécie de apego ao local de trabalho. Se você insistir em falar mal da empresa, elas acabarão por achar que você está falando mal delas, do emprego delas, da vida delas. É um processo psicológico curioso, mas é assim que acontece. Em verdade, se elas admitirem que seus argumentos e suas queixas são absolutamente pertinentes, automaticamente irão colocar-se em atitude de autocrítica, como se você estivesse cobrando delas uma autonomia que são incapazes de ter. E ninguém gosta de ter questionados, ainda que indiretamente, sua posição, sua forma de participação na vida e os meios que garantem sua sobrevivência. Se você o fizer, estará sendo incômodo e inconveniente. O resultado é as pessoas se afastarem de você numa velocidade impressionante. Evite tal situação. Afinal, você aprecia esses colegas e não gostaria de perder a amizade deles, não é mesmo?

Não volte à empresa que o dispensou. Não vale a pena. O que passou é passado. Invista seu tempo e interesse em novos ambientes e pessoas. Não carregue mágoas. Aproveite a experiência para conhecer mais um pouco da vida. Faço-lhe apenas uma recomendação. Se for possível, antecipe sua saída da empresa. Dificilmente você será informado, de forma adulta, polida e tranqüila, de que a empresa não deseja mais contar com a sua contribuição. O clima é, geralmente, de vingança, rancor, silêncio pesado, constrangimento, mal-estar e, eventualmente, humilhação. Tudo, de modo geral, desnecessário e infundado. Por isso, não deixe que as circunstâncias cheguem ao ponto de a empresa decidir pela sua exclusão. Saia antes.

É por essas razões que você nunca deve confiar em que aquele emprego é para sempre. Porque não é e não há como prever as circunstâncias de sua saída.

9
Do novo emprego

Encontrar uma nova oportunidade de trabalho após a dispensa é um momento delicado, que vai exigir de você algumas providências e serenidade. Em primeiro lugar, não desanime, não se deixe abater por não estar participando por algum tempo do ciclo produtivo. Publicidade e Propaganda é um negócio instável por natureza, especialmente em mercados menores, como já dito. Ademais, é próprio da iniciativa privada essa oscilação entre emprego e desemprego. Evite que o eventual estado de disponibilidade influa nas suas relações com os pares da profissão. Não demonstre baixa estima, não se mostre sem perspectivas, mas também não deixe transparecer um desinteresse que você, sabidamente, não tem por uma nova oportunidade. Você continua a ser a mesma pessoa, com os mesmos talentos e potencialidades que possuía quando empregado, e já com alguma experiência. Repito: você não é menor, menos capaz, menos hábil ou menos qualificado do que aqueles que conservam seus empregos. Eles também poderão, a qualquer instante, perder seus postos. Isso é a vida profissional.

Aproveite para avaliar quais foram os equívocos que, porventura, você cometeu no último emprego e que geraram seu afastamento. Se foram motivos concretos, palpáveis, tais como enxugamento da folha de pagamento, contenção de custos, diminuição do porte ou mudança de rota da empresa, política de acúmulo de tarefas por um grupo restrito e mais habilitado a realizá-las, etc., não é preciso reflexão.

Entretanto, se houver razões subjetivas, procure identificá-las, pois isso lhe será útil para sempre. Ajudará você a aprender o que é adequação. Não se trata de saber se estava certo ou errado, se tinha ou não razão. Com certeza, você já terá identificado essas circunstâncias. Agora, é desvelar as verdadeiras causas de sua dispensa. Trata-se de algo mais elaborado. Reflita novamente sobre o tipo de jogo que se jogava na empresa, próprio da cultura dela, e do qual você destoou. Sem se punir ou envergonhar-se, pense se teve algum comportamento negligente com relação às regras de convivência na empresa ou mesmo com respeito às exigências ou recomendações que lhe foram feitas por chefes ou colegas, mais ou menos explícitas, e que você não considerou com a devida atenção. Você realmente zelou por aquele emprego? Não só realizando seu trabalho da melhor forma possível e acatando as orientações pertinentes, mas também cuidando para não provocar ou participar de nenhuma situação que pudesse contribuir ou mesmo determinar a sua rejeição? Se isso ocorreu, aqui vão algumas sugestões.

Jamais volte ao assunto. Nem com os colegas do meio, muito menos em entrevistas ou relacionamentos em que haja a possibilidade de você obter um novo emprego. Encerre-o definitivamente. Se for provocado, desconverse. Mantenha a tranqüilidade, não apenas por ser a atitude mais saudável, como também por ser mais proveitoso. As pessoas tendem a acreditar que a condição de desempregado torna o outro mais vulnerável. E aproveitam-se disso para fazer perguntas impróprias e indiscretas quanto ao seu último emprego, ao seu último patrão, à equipe com quem trabalhou, ao faturamento da empresa e tudo o mais, se você permitir. Nem sempre quem nos entrevista numa nova oportunidade está preparado para fazê-lo. Mas disso falarei mais adiante.

Se você não contribuiu para alguma situação causadora de sua dispensa nem participou dela, ainda restam algumas hipóteses — que podem ser objetivas ou não —, mas que fogem ao nosso controle. Antipatia, perseguição, fofoca, inveja, jogo de força entre grupos internos, renovação da equipe com a contratação de novos chefes, necessidade de substituir você por alguém indicado por terceiros, tudo é possível. Como eu já disse, o mundo do trabalho não é regido pelos sentimentos e valores de justiça, de reconhecimento e de mérito. Há muito de pessoal em tudo. Portanto, sejam quais forem as razões de sua saída, trate de dar-lhes a exata dimensão, reflita sobre elas para aprender com seus erros e não voltar a cometê-los, mantenha silêncio absoluto sobre o que se passou e vá em frente. Uma carreira é um caminho que você vai pavimentando passo a passo. Tudo serve para nos tornar mais maduros e dar-nos clareza sobre a vida e as coisas.

Apresento algumas sugestões para obter uma nova oportunidade de trabalho. Atualize seu currículo, que deverá ser sucinto e abrangente. Como você está começando, não se sinta obrigado a declarar muita experiência, pois não a tem, a menos que o primeiro emprego tenha sido em uma empresa de grande porte e você tenha tido chance de aprender muito e sobre atividades variadas. É importante adotar um modelo de currículo atual, já que as empresas costumam avaliar o candidato a partir da maneira como o elabora.

Se você é da área de Criação, atualize seu portfólio, e cuide para que a montagem esteja de acordo com as exigências feitas pelos profissionais dessa área. Uma idéia é colocar em primeiro lugar a melhor peça de todas as que irá mostrar. Em seguida, ordenar as demais peças num *crescendo* da menos boa até a melhor dentre elas. Assim, a primeira peça tem a responsabilidade de criar a melhor impressão possível sobre seu trabalho. As subseqüentes vão apenas reforçar esse impacto.

Envie o currículo às empresas de seu interesse, estejam elas precisando ou não de profissionais com o seu perfil. É possível que ele seja arquivado para uma eventual necessidade. Remeta-o também aos profissionais que conhece, inclua-o na internet em *sites* de seleção profissional, telefone para colegas do meio para informá-los de que está disponível, entre em contato com a área de recrutamento e seleção das empresas, atente para os anúncios de arregimentação nas publicações especializadas em Publicidade e Propaganda. Insista. Tudo o que você deseja é trabalhar. Não há nada de excepcional nem de desabonador nisso. Ao contrário. O setor produtivo da sociedade precisa de pessoas para trabalhar e você está apenas fazendo-o saber de seu interesse. Por isso, lembre-se de que você é necessário sim. De que seu desejo de se manter nessa profissão é legítimo, porque você tem o que oferecer em contrapartida.

Ao participar de uma entrevista profissional, seja cuidadoso com a sua aparência, com seus modos e suas palavras. Ao contrário do que se imagina, nem todas as pessoas que realizam tais entrevistas estão preparadas para a tarefa. Ainda que sejam titulares dessa especialidade, continuam sendo indivíduos, portadores das limitações decorrentes das suas respectivas biografias. Antes de se apresentar a elas, procure apurar qual é o seu nome e o cargo que ocupam. Digo isso porque empresas menores não têm departamento de recrutamento e seleção de pessoal. Você acaba sendo entrevistado pelo chefe do departamento de pessoal, ou pelo diretor financeiro, ou por algum profissional da área a que você se candidatou, ou ainda por alguém que estava disponível naquele instante para recebê-lo. Por isso, não se deixe impressionar pela formalidade do momento. Comporte-se com polidez, fique tranqüilo, responda às perguntas que lhe forem formuladas, faça as que desejar, desde que sejam pertinentes, mas não é preciso constranger-se. E, dependendo da entrevista, é você quem pode deixar de se interessar por aquele emprego. Diferentemente do que se pensa, a avaliação que é feita é recíproca. Tanto o candidato ao emprego é avaliado, quanto ele próprio aprecia a dimensão da oportunidade com base nesse encontro.

Se porventura for submetido a testes e for reprovado, não se impressione. Antigamente, o açúcar era prejudicial à saúde humana, assim como a manteiga, a cafeína, o ciclamato e outras coisas. Hoje, estão redimidos e até são valorizados. Portanto, tudo é relativo. Os critérios, as abordagens, as interpretações e os resultados são considerados conforme a política da empresa, os valores que cultua naquele instante, que podem mudar de tempos em tempos. Logo, não tome sua reprovação como uma verdade absoluta. Não é, e não se deixe definir por ninguém. Nunca.

Seja ético, agora e sempre. Em entrevistas e avaliações, nada de fofocas, insinuações ou maledicência em relação aos empregos anteriores. Silêncio absoluto sobre os negócios dos antigos empregadores e pessoas do mercado. Ninguém contrata elementos que, amanhã, poderão estar fazendo o mesmo em relação àquela empresa. E mais: seja qual for a impressão que tiver desse encontro, não a comente com ninguém.

Um outro aspecto da vida profissional também deve ser lembrado agora: a remuneração. As empresas argumentam que o valor do trabalho de quem está desempregado é menor, exatamente porque não está em atividade. Como se não contassem nada ou quase nada a experiência, a reputação e a trajetória da pessoa. Essa alegação visa tão-somente a desvalorizar o profissional, financeira e moralmente, a fim de remunerá-lo de acordo com a própria conveniência. Mesmo os executivos de grande envergadura passam por esse constrangimento ao negociar seus salários. É a lógica perversa do mercado de trabalho. Aviso você disso, para que não se sinta tão revoltado ao ouvir propostas de valores bem abaixo do que você recebia no emprego anterior ou bem inferiores ao que pensa merecer. Fique alerta apenas para que obtenha um pagamento, se não justo, ao menos que não o deixe com a sensação, a curto e médio prazo, de estar sendo explorado, aviltado naquilo em que investe muito do seu talento, do seu entusiasmo, do seu tempo e da sua vida. Entretanto, não conseguindo negociar o justo preço nem um futuro reajuste, sendo ainda assim aceitável a proposta por outras razões, aceite-a, reinsira-se no mercado de trabalho e prepare o próximo passo no caminho da sua profissão. Seja prático, astuto e discreto. Agora você está novamente na roda-viva, e tire o melhor proveito disso.

Faço-lhe uma última recomendação. Sempre planeje e avalie a sua carreira, identifique novas possibilidades, aprenda o que lhe parecer mais útil e necessário para o momento e para o futuro, mantenha o seu círculo de relacionamentos o mais amplo possível, não se indisponha com os pares da profissão e conserve-se alerta permanentemente.

Boa sorte e muito sucesso.

Leia também

O que é criação publicitária
ou **O Estético na Publicidade**
Solange Bigal

A autora é publicitária e doutora em Comunicação e Semiótica pela PUC, SP. Tendo como pano de fundo a história da televisão e da publicidade televisiva a autora demonstra como uma composição poético-estética publicitária aprimora a qualidade das informações, sem perder a principal função que é o caráter utilitário. Indicado para estudantes e profissionais de Comunicação.

COLABORARAM NESTE LIVRO

Coordenação editorial Mirna Gleich
Assistência editorial Maria Elisa Bifano
Preparação do texto Marina Appenzeller
Revisão Marta L. Tarso e Maria Aparecida Amaral
Composição FA Fábrica de Comunicação
Capa AG design
Fotos de capa Photodisk do Brasil

FICHA TÉCNICA

Impressão PAYM Gráfica e Editora Ltda.
Papel Offset 75g/m² (miolo), Cartão 250g/m² (capa)

Para preservar as florestas e os recursos naturais, este livro foi impresso em papel 100% proveniente de reflorestamento e processado livre de cloro.